Ausrede

Reiner Kranz

Ausrede

Bibliografische Information der Deutschen Nationalbibliothek:
Die Deutsche Nationalbibliothek verzeichnet diese Publikation in
der Deutschen Nationalbibliografie; detaillierte bibliografische
Daten sind im Internet über http://dnb.dnb.de abrufbar.

Herstellung und Verlag: BoD – Books on Demand, Norderstedt

ISBN: 978-3-7494-9912-0

alte rede

wo wir wären
wären wir nicht
bei uns?

jeder bei sich
für sich
außer sich

keiner beim anderen

unser einziger gast
die sehnsucht
sitzend am schmalen tisch
bei kargem mahl

alle morgen
alle abende

anfang

ein tasten war es
ein sich finden

im eigenen wort
in dem des anderen

wollen und hoffen
lag zwischen allem
verborgen erst
und dennoch klar

keiner hörte
unser erstes sprechen
der holunder nur
und seither wächst er
schneller in den himmel

antwort, aus liebe

nie werde ich
anders schreiben
als mit der schrift
eines blinden

unleserlich
unbrauchbar
unnötig
wären sie alle

all die worte
wären sie nicht
geschrieben aus
diesem einen grund
den man nicht
schreiben kann

brief

so würde er
geschrieben
der erste

etwas unbeholfen
etwas zaghaft

fast so
wie ich dich
küsse morgens
bevor ich gehe

damit du
lesen kannst
mit geschlossenen augen

dann

kalt wird sie einmal
noch kälter als in
jener nacht
in der du die decke
über sie gelegt hast

aber auch dann
wird sich am morgen
meine schulter
an deine legen
und so tun
als hätte sie
es nicht bemerkt

dann II

kein himmel
keine hölle
kein ort
kein zustand

nichts erwartet mich

außer diesem
spätsommertag
an dem ich dich
zum ersten mal sah

da wird man
mich finden
könnte ich je
eine spur hinterlassen

außer dir

davon

von diesem regenschirm
der roten weste
den ahornblättern
auf der windschutzscheibe

eines konnte
ich retten
bis zu mir

von der hand
die den regenschirm hielt
die mich grüßte
als käme ich
ginge nicht

von dieser hand
werde ich
in irgendeiner
der kommenden
nächte erwachen

ein traum
in rot
in kommen
und gehen
und mensch

und ahorn

deine hand

alles stehen lassen
wie es ist
wie es nicht
sein sollte

wenn sich der
frühling ein
herz nimmt
nehme ich dich
hin zu
irgendwelchen
bäumen
von denen du
geträumt hast

es werden
die gleichen sein
es werden
andere sein

sie tragen den himmel
sie halten die erde

zwei darunter
die sind
uns ähnlich

dialog

ein mond
ein licht

ein ort
eine zeit

zwei menschen

gleichzeitig

du in farben

eine von ihnen
einen der regenbogen
man hätte es
zufall nennen können

du aber
standest
unter zweien
an deinem
glücklichsten tag

mich nahmst du mit
an beide enden
in den einen anfang

eine rede

früh wach sein
immer früher als du

hinaus treten
zwischen den
baumkronen
den mond sehen

eintreten
und dich sehen

zwischen baum
zwischen mond

in mir

ermunterung

immer finde
ich dich
träumend
vor mir

dann zögere ich
dir zu sagen
daß ich gehen muß

ruhiger macht
mich nur
daß ich weiß
du träumst
nach mir

wirst wach
von den
träumen
von mir

ewig

unser lachen
das feuer
der felsen

dein laufen
über das eis
am großen teich

unser weinen
nie war es
für sich

wo sollte alles
enden - und wie?

kein ort
kein tag
keine zeit

nichts vergängliches
zwischen den leben
unter den worten
in die wir fielen

fahrplan

in dieser
einen nacht
bleibe ich wach
gehe die paar
schritte zur
stählernen straße
frage höflich
einen der güterzüge
könntest du
ein wenig leiser sein?

ich höre
den mond nicht mehr
die blätter wenn sie sich
aneinander schmiegen

die lok
wird lächeln
mich nach
der stunde fragen
in der
der mond
am leisesten
die kälte
nach den
blättern greift

fälle

komm weiter
komm näher
komm zu dir

sei du
sei ich
sei wir

keine regel
der wir
unterliegen

fehlzeiten

diese morgen
wenn deine
hand mich sucht

verzeih
meine abwesenheit

bei den worten bin ich

ewige wärme
die ich zu teilen wage

fellmond

keinen schlaf
heute nacht

keinen traum
diese nacht

den mond
gefragt
in der nacht

nach dir
bei nacht

sie schläft ihn gut
deinen traum
heute nacht

finderlohn

aus traum
die nacht

du
und
er

ihr seid es
die mir
worte macht

aus du
und wir

furcht

daß das eis
dich nicht mehr trägt
in einem der
weniger werdenden winter

im sommer dann
um deine haut
gestritten wird
weil die jahreszeiten
aufgehört haben

davor habe ich angst

dir nicht mehr
schreiben können
von meiner angst
und du nicht lesen
kannst von ihr

gehe mit

mit dir
baum werden
trieb, rinde
stamm und wipfel

mit dir
tier werden
ohne schuld
ängstlich
immer bereit
zur flucht

gehe mit
das menschsein
abstreifen
unsere herzen
suchen

bevor
jemand die axt anlegt
in uns

irgend etwas
uns das fell abstreift

grat

deine hand
wichtiger
die wärme
darin
wichtiger
als flüchtiges
von hier aus
nennt einer
den anderen
mensch

gute rede

sprich mir vor
sprich mir nach

wir folgen den worten

sie reden
über uns
das beste

als lägen sie
dem leben
auf der zunge

herz

nun ist es deines
da wo es ruhiger wird
dort wo es hin wollte
wo nach ihm gefragt wurde

schlagen höre ich es
lege ich den kopf
auf deine brust

im schlaf

nicht
daß ich selbst fror
unter dem neuen mond
unter den fragen
den alten

aber
deine schulter
war eine
schmale, kühle sichel
die ich bedeckte
mit einem arm voll zartem

immer

schrieb ich
von sehnsucht
schrieb ich
von dir

fehlte die sehnsucht
würde ich nie mehr schreiben

außer dir
voller sehnsucht
nach sehnsucht
von dir

in deinen schlaf

deine angst
wäre meine
käme zu mir
gäbe es eine

sie war es nie

dieses blatt
das zwischen
uns paßt

davon sei ruhig
vertraue

es ist nur
dieser eine himmel

der blaue

jena - ostern am jenzig

stein und baum
im geröll
fand die sonne halt

sicher ihr schritt
im unsteten monat

wären alle wege so
wie leicht fiele es uns
dem jahr zu folgen

kein wort

heute
liegt sie
neben dir

meine
sprache

das erste wort

daß ich nie
schreiben werde

neben dir

kleines glück

ich sah
einen himmel
im wechsel

eine dünne säule rauch
aus dem kamin klettern

darunter
ein herzschlag
zwei sogar

die nahm ich mit
heute morgen
in die taubheit
dieses tages

liebesgedicht

eines
weil es nie geschrieben wird

nur fühlen
du bist der grund
für meine abwesenheit
für mein dasein

das leicht
zu entziffernde
auf einem leeren blatt papier

mahl

dein
täglich
brot
wie ich
die welt
in scheiben
schneide

uns eigen
uns gemeinsam
der hunger
nach geschriebenem

und einer
lindert ihn
dem anderen

für chris

mutfassung

wer wären wir
wie wären wir
ohne den anderen?

zerbrochene hälften
eines gefässes
in dem sich
nichts mehr sammelt

mit kanten so scharf
daß das leben
sich daran
dauerhaft verletzt

nachfolge

der regen hebt dich
aus dem schlaf
noch einmal
nachdem ich
dir schon tauschte
wach gegen traum

nun sind wir gleich
ein tropfen zuversicht
unter allen

nachrede

was noch
zu sagen
gewesen
wäre

nimm es mit
in deinen schlaf

bis
rede
und
antwort

bis zu mir

nachtflug

angekommen
im hotel
erzählst du mir
am telefon
man hätte
unterscheiden können
im flug
anhand der lichter
dörfer und städte

in dieser nacht
war ich eines

das hellste
das dunkelste

neue rede

ein dach
unter dem wir leben

in der nacht
als letztes geräusch
deinen atem wahrnehmen

leise wahrheit
schöne wahrheit

einfach werden
alle tage

neu
und
unsere

notrede

gib mir
deinen tag
ohne mich

ich gebe dir
meinen ohne dich

es ist
eine stunde dann

nun

sie gehören uns
die letzten sommertage

jene die nach anfang riechen
nicht nach ende

diese stunden
werden wir sammeln
das gehende licht
in ihnen

es zu scharen
neben all unsere tage

ortswahl

hier werde ich alt
unter uns
neben dir

kein anderer ort
der mir gefiel

hier darf ich fallen
dir ins wort
neben dich
unter uns

plan

irgendwann
irgendwie
nehme ich
deine hände
drehe die
handflächen
nach außen

folge den linien
nein - nicht
schwer
wähle eine aus
nein - nicht
die einfache

die mit
den vielen
verästelungen
umwegen
brüchen

dort baue
ich uns ein
haus

dort
wohnen
wir

bis sich
verbindet
aufs neue
was alle
hoffnung
schon
verloren
hatte

riga

nein ich war nie dort
werde es aber immer behaupten
das konzert in der kirche
das knoblauchbier vorher
woher dieser mut?

du hast mich mitgenommen
mit deinen augen sehen lassen
auch dies eine art von reisen
der liebe

schauen

eigentlich ist es zu früh
zum schauen

nur mäßig bin ich irritiert
vom hoffnungsvoll
leuchtenden weihnachtsschmuck
in den fenstern

weit hinter
den letzten häusern
ähnelt die straße
einem verirrten glühwurm

beruhigend zu wissen
daß keiner diesem moment
etwas antun kann

außer mir
und meinen
ersten beiden
sätzen die ich
heute sprechen werde:

ich muß los
ich liebe dich

schauen IV

du
eine helle
linie
gegen das
dunkel

arme
mund
loslassen

zwei stunden später
deine stimme am telefon

die
nach
armen
mund
ankommen

schauen IX

die gleiche erde
der selbe himmel

einer von uns
könnte die
augen schließen

er würde
immer noch sehen
diese eine erde
diesen einen himmel

schlaflied

vorher dieses
große leben
das unter
mir sein
diesen
einen gast
nur dulde
ich darin

du
sag mir
deinen
wahren
namen
es ist
noch raum
in meinem
schlaf
in diesem
wachsein
mit dir

schlagbaum

wenn es ginge
das du gehst
an diese
eine grenze

bis dahin
wo ich
warte
auf
dich

dann schlage
ich vor
einen baum
als treffpunkt

schuhe kaufen

bitte
ein paar
in sanftmut
geduldfarben
mit der größe
zu spontanem

und
november
in denen man
barfuß laufen kann

den unentschlossenen
den zu allem entschlossenen
gewidmet

schwäche

an einem tag
zu einer nacht
zu einer stunde
zu keiner stunde
morgen schon
oder nie

legt sich
mein geheimnis
an deine seite
berührt dich
wie schon so oft
und dennoch
zum ersten mal

sehnsucht

dein haar
zwischen meinen fingern
auch das eine weiße

dein blick
auf mich
während ich schlafe

all dies vertraute
in das wir vertrauen

es fehlt
genau in der sekunde
ohne es

sehnsucht II

nicht diese sorge um dich
eine andere sah dich
ruhen unter deinem baum

vergessend alles
dich erinnern an alles

nacht weckte dich
mit ihrer kühle
aus den scherben der sonne

du sahst
baum
ast
und zweig

das hohe gras
in seinem
verblichenen grün

du sahst mich
wie ich dich sah
als ich meinte
dich nicht hören
zu können

sichtbares

deine haut
die dünne
die dicke

dein müde sein
das wache
das stetige

deine liebe
die nie schläft
mich wach hält
unter aller augen

sieben

sieben blätter
der zweig

der ast
der baum
er sieht es
dir nach

er hat dir
nachgesehen
als du aus
seinem schatten tratst

sieben blätter
der zweig

sieben finger
hat nun deine hand
die mich hält
an das licht

spiegelverkehrt

erzähle mir
deinen traum
nur so
kann ich
dir sagen
wo du nie
sein wirst

sternbild

du bist
keine waage

keine mitte
wird dich je finden

bist du

ein nicht
zu teilender mensch
in dessen schalen
ich leichtes legen möchte

stimme

du sagst
du hörst
im schlaf
meinen atem

meinen atem
sagst du
willst du hören
noch im schlaf

nie schläft er
unser atem
bis wir hören
auf den schlaf

stimme II

wohin wir kämen
ohne sie
die des anderen?

nie weit genug
um uns so gründlich
zu entfernen
von all dem anderen

all dem
was mitteilslos bleibt

wie weit wir kommen mit ihr?

immer so nahe
uns zu nähern
bis auf die
schwäche eines blattes
dessen stärke
alleine nur
platz findet zwischen uns

spätes wissen

mit dem einen fuß
über deinem

mit dem anderen
fast im schlaf

so gehe ich
in die nacht

sicher deiner träume
sicher unseres weges

strecke

weit gekommen
in´s nahe
fern ist sie
geworden
die ferne

weißt du noch
als wir sprachen
ahnungslos?

Damals
als wir schon wußten

trauschein

springe
hüpfe
krieche
wenn es
sein muß

über meinen
schatten
über deinen

worte mich
traue uns

treffpunkt

aus dem
wort
treten
das letzte
von der
schulter
wischen
wie
neuen
schnee

es fallen sehen
verschmelzen
mit der erde

hier erwarte mich
den der nie etwas
zu sagen hatte
bei dir aber
alles schweigen
ablegte

trost

schlaf geworden
das warten
auf dich

wach geworden
von deinem finden

weiter
entfernen
wir uns nicht
als um diese
jahre nach
mitternacht

trost

immer noch
zucke ich zusammen
unter dem maschinenlärm

da ich war
wo ich sein müßte
bei dir

mich irgendwo
wiederfindend
in einer verläßlichen ruhe

um nachsicht

verzeih
mein dort sein
während du
schläfst

nur so
kann ich
teilen
diese
sehnsucht

einsamer
der wach liegt
bei den worten

unsere brücke

der erste weg
war der
zu dir

der erste weg
war der zu ihr

fluß sind wir
wolken sind wir

etwas darüber
etwas darunter

alles sind wir
auf ihr

unsere rede

die gleiche sprache
gleitet dir deine decke
von der schulter

erwähnt es der schlaf
im nebensatz
als hauptsache

wärme sie
bedecke sie
diese schulter

diese eine schulter

verlustmeldung

blau
die nacht

warm und wir

eine decke
unter der
wir stecken

niemand
wird uns
finden hier

außer nacht
und blau
und warm
und wir

vertrauen

komm näher stunde
keine angst
niemand wünscht
dir ewigkeit

sei einfach nur bald
werde augenblick
in dem moment
da mir meine liebe sagt
für immer

vom glück

ein großes
wort
glück
manchmal
zu groß

dann wirft
es einen
schatten
auf mich
auf andere

manchmal
kommt
es zu mir
nenne ich
seinen namen

aber eigentlich
sind es
immer zwei
die es hören
will

vom glück

morgens der gedanke
vielleicht weckt dich
der glockenschlag:
alle kirchtürme
sind steinböcke

das geräusch
wenn die flamme
den holzscheit findet

vielleicht hörst
du mich schreiben
die ersten worte:
sie gähnen noch
zwischen den buchstaben

und vielleicht
wirst du wach
vom denken
an dich

vorausschauend

am ende
wieder wir
was wir waren
in unserem leben

betroffene seit wir
übers wasser gingen

uns trafen
einigen gesetzen
zu widersprechen

vorhaben

werde
im mondlicht stehen
weit oben
im ersten stock

einen fluß hören
einen park riechen

den sprung wagen
über´s wasser gehen

dir dein weiß nicht
in den höchsten ast hängen

vorhergegangenes

ein weg
noch einer

keiner von uns
blickte zurück

sah nur
den anderen
sah sich
im anderen

aus sehen
wurde gehen

einen weg
gemeinsam

wegsicht

hier oben
blicken wir
in die himmel

einer darunter
der bleibt
auch wenn wir
nichts mehr sehen

oder alles

wehrlos

wohin sonst
mich legen
als neben
deinen schlaf?

in deinen
atem
neben
den meinen

mein ohr
an deinem
traum
mein
leben
an deinem

weigerung

von deinem schlaf
will ich schreiben
lange erst nach meinem

von dir will ich schreiben
diesem leben in meinem

in deinen schlaf
will ich dich schreiben
damit er kommt
in jeder nacht

ohne die wunden
die der tag
dir geschlagen hat

wir

mehr
als unsere worte

um das
einige mehr
an leben

unbeschriebenes
unbeschreibliches

wir wären wir
ohne die worte
immer noch ein himmel

einer ohne sterne

Inhalt